# LES RELIGIONS DES HOMMES

*À gauche : sculpture, visage d'un bouddha couché. Le sourire du Bouddha exprime une sérénité profonde. Cette œuvre est située dans un sanctuaire magnifique entouré de monastères dans une des cités les plus anciennes du royaume du Siam, Nakhon Pathon, aujourd'hui en Thaïlande.*

*Ci-contre : enfants jouant sous la garde de moines tibétains dans leur terre d'exil en Inde. Là se sont réfugiés le dalaï-lama et de nombreux Tibétains.*

Conception graphique et couverture :
Jaca Book

Édition française coordonnée
par Thierry Foulc
avec le concours de Dominique Sabrier

Photogravure :
MAC RASTER MULTIMEDIA srl, Milan

Imprimé en Italie
par G. CANALE & C. spa, Arese, Milan

ISBN : 2 210 772 90 7
(Éditions Magnard)

ISBN : 2 204 065 92 7
(Éditions du Cerf)

N° d'éditeur : 2000/472

Dépôt légal : octobre 2000

JULIEN RIES

# LE BOUDDHISME

cerf MAGNARD

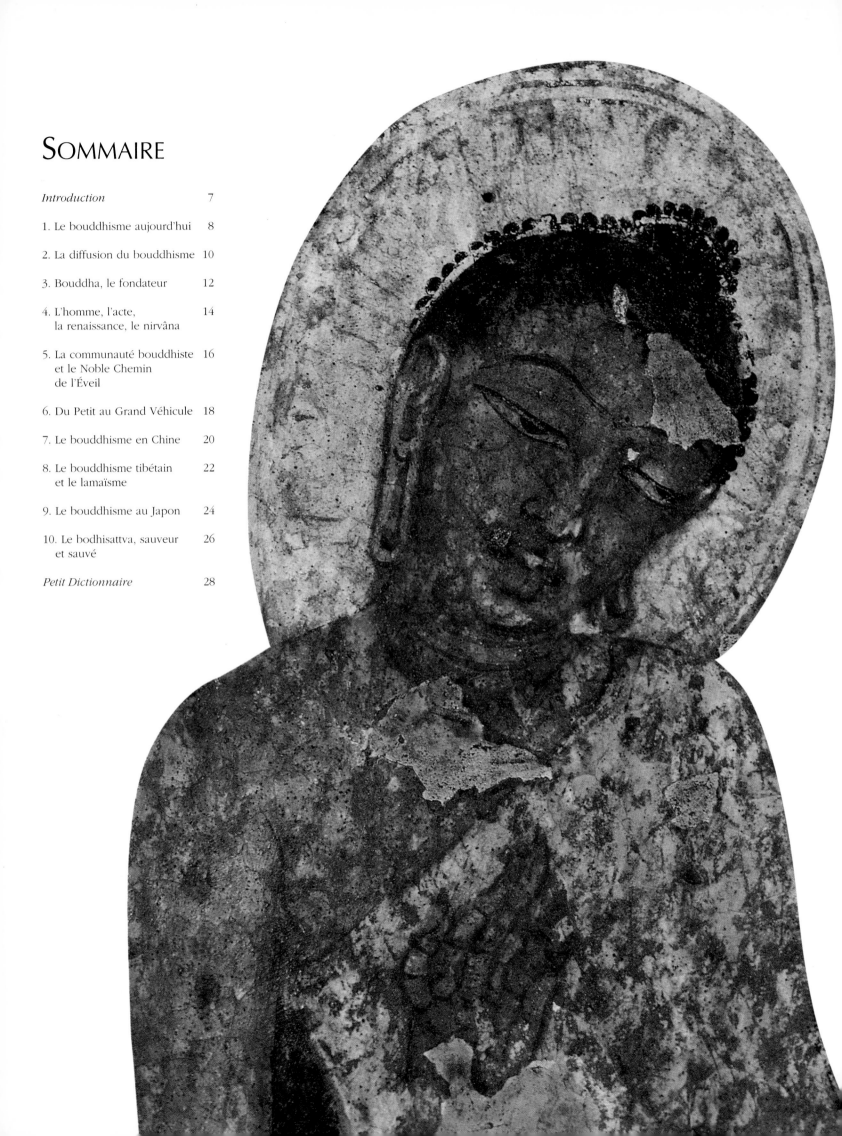

# SOMMAIRE

# INTRODUCTION

Celui que nous appelons le Bouddha, l'Éveillé, se nommait Siddharta Gautama. Il vivait en Inde il y a plus de 2500 ans.

Selon la tradition, Siddharta, jeune homme, est hanté par le problème de la douleur humaine. À la fin d'une nuit de méditation, assis au pied d'un figuier sauvage, il s'«éveille» à la Vérité et obtient la paix. Il est désormais délivré des passions, de la douleur et du cycle sans fin des renaissances auquel croient les Hindous. Il parcourt alors des régions entières pour faire partager aux hommes cette sagesse qui doit les libérer à leur tour de la souffrance.

Nous verrons dans ce livre les éléments fondamentaux de la sagesse du Bouddha : comment il conçoit l'homme et sa place dans l'univers ; comment il envisage les actes humains et leurs conséquences ; en quoi consiste la paix bouddhiste ou «nirvâna» ; comment on peut parvenir à l'Éveil ; le Triple Refuge ou Triple Joyau : le Bouddha, la Loi, la communauté.

Aujourd'hui, après tant d'années, le bouddhisme reste la religion d'une grande partie de l'humanité. Au cours des siècles, il s'est répandu à travers l'Asie et a été plus ou moins adapté par les peuples qui l'ont adopté, chacun selon sa culture. Il y a deux mille ans, le bouddhisme a pris, dans certaines régions, la forme d'un véritable culte, ce qu'il n'était pas à l'origine. C'est sous cette forme qu'il s'est largement répandu, tandis que d'autres «écoles» restaient orientées vers la méditation. Nous verrons ces diverses écoles et tendances dans les derniers chapitres.

*Ci-contre : image du Bouddha, chef-d'œuvre de l'art indien, peint dans un des temples d'Ajantâ en Inde.*

*À droite : réfugiés tibétains en exil en Inde. La tragédie de l'exil est un motif pour exercer une vertu fondamentale du bouddhisme : la compassion.*

# LE BOUDDHISME AUJOURD'HUI

Le message du Bouddha est fondé sur une croyance en l'homme et en sa capacité de trouver la paix intérieure et le bonheur grâce à ses actes bons. Cette sagesse fut acceptée par l'Inde, par Ceylan, par la Chine, par le Tibet et par tous les pays d'Extrême-Orient.

Au cours du 19ᵉ siècle, les Européens ont rencontré le bouddhisme dans leurs colonies, mais ils ont eu du mal à le comprendre. Certains s'y opposèrent au nom de leur propre religion. D'autres l'accueillirent avec un enthousiasme romantique.

## Un message pour tous

Aujourd'hui la situation a changé. Le bouddhisme moderne se présente comme un message universel. En 1956, à l'occasion du 2500ᵉ anniversaire de la naissance du Bouddha, un congrès bouddhique international a décidé d'encourager la diffusion du message en créant des sociétés bouddhistes dans divers pays et en formant des missionnaires capables de répandre la sagesse du Bouddha dans le monde entier.

## Comment conduire sa vie ?

Le bouddhisme moderne se présente comme une voie d'éveil proposée à l'homme pour la conduite de sa vie. Le but est d'acquérir la vérité, de se libérer de la peur, de l'angoisse et de la douleur et d'entrer ainsi dans la voie du bonheur. Engagé dans le flot des événements de l'existence, l'homme, selon le bouddhisme, est comme une roue, un être qui se transforme, une flamme qui se nourrit d'elle-même, une existence qui dépend de tout ce qui précède et notamment des actes accomplis dans toutes les existences précédentes.

« Éveillé », l'homme doit devenir maître de soi, établir l'équilibre entre lui et le monde extérieur – hommes, femmes et environnement –, diriger sa sexualité, ne plus être esclave de ses désirs et vivre dans un état de paix (nirvâna). Cet état est fait d'équilibre entre l'esprit et le corps, de bienveillance envers les autres, de mise de soi à l'écoute des autres.

Ainsi, pour l'homme moderne, le bouddhisme représente une voie d'éveil personnel, une marche vers un état de paix intérieure et de compassion bienveillante pour les autres dans les relations sociales. Il jette un regard spirituel sur le monde mais sans préoccupation religieuse. Conscient que l'homme peut être atteint par la souffrance ou la mort, le bouddhiste cherche l'Éveil, la libération de la douleur et l'illumination intérieure.

*2. Image de la solitude et de la fatigue d'une ouvrière chinoise.*

*3. Jeunes moines bouddhistes ou «bonzes», à Bangkok, en Thaïlande : le maître et ses élèves en sandales et vêtements traditionnels, munis d'appareils photographiques. Par opposition aux deux illustrations précédentes, ils expriment la sérénité.*

*1. L'image de la guerre qui massacre les hommes et détruit les livres s'exprime à travers cette œuvre célèbre de Pablo Picasso, située dans la chapelle de la Guerre et de la Paix à Vallauris.*

1

# 2
# LA DIFFUSION DU BOUDDHISME

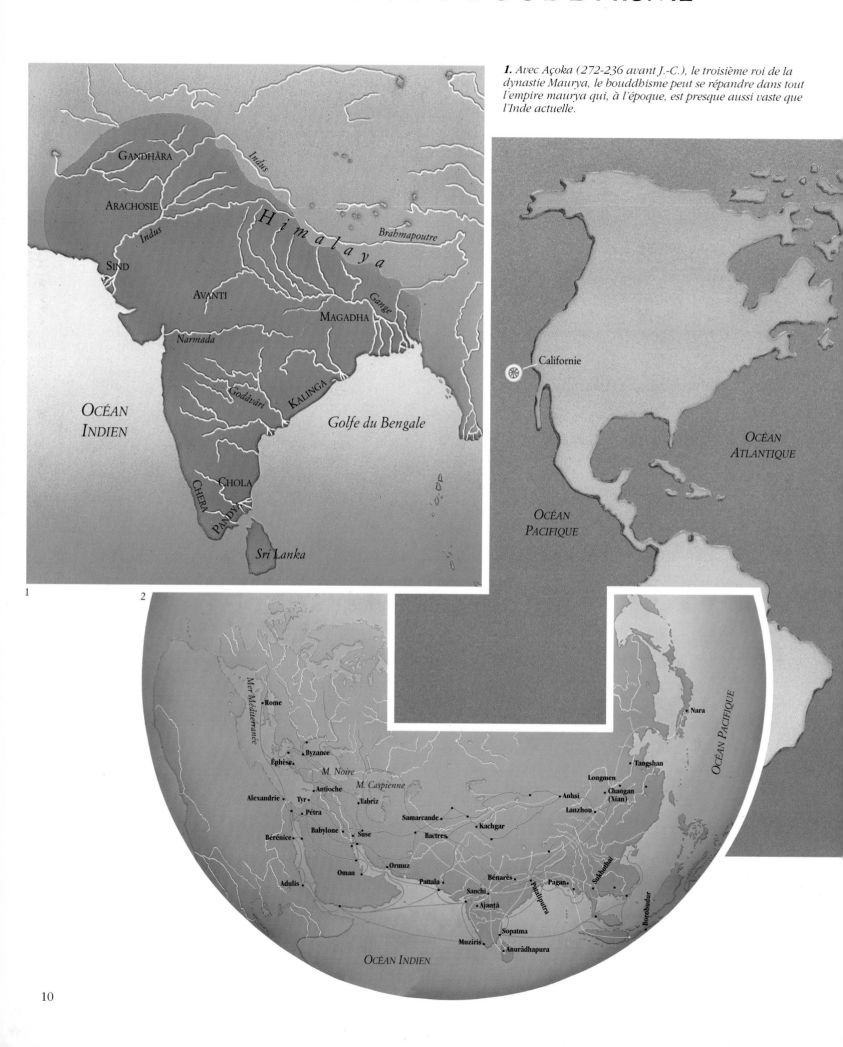

**1.** *Avec Açoka (272-236 avant J.-C.), le troisième roi de la dynastie Maurya, le bouddhisme peut se répandre dans tout l'empire maurya qui, à l'époque, est presque aussi vaste que l'Inde actuelle.*

GANDHÂRA

ARACHOSIE

*Indus*

SIND

AVANTI

*Indus*

H i m a l a y a

*Brahmapoutre*

*Ganges*

MAGADHA

*Narmada*

*Godâvâri*

KALINGA

OCÉAN
INDIEN

*Golfe du Bengale*

CHERA
CHOLA
PANDYA

*Sri Lanka*

Californie

OCÉAN
ATLANTIQUE

OCÉAN
PACIFIQUE

*Mer Méditerranée*

• Rome

• Byzance

• Éphèse

• Antioche

*M. Noire*

*M. Caspienne*

• Nara

• Tangshan

• Longmen

• Anhsi

• Changan
(Xian)

• Lanzhou

OCÉAN PACIFIQUE

• Alexandrie

• Tyr

• Pétra

• Tabriz

• Samarcande

• Kachgar

• Babylone

• Suse

• Bactres

• Bérénice

• Oman

• Ormuz

• Adulis

• Pattala

• Bénarès

• Sanchi

• Pagan

• Sukhothai

• Ajantâ

• Pataliputra

• Borobudur

• Muziris

• Sopatma

• Anurâdhapura

*OCÉAN INDIEN*

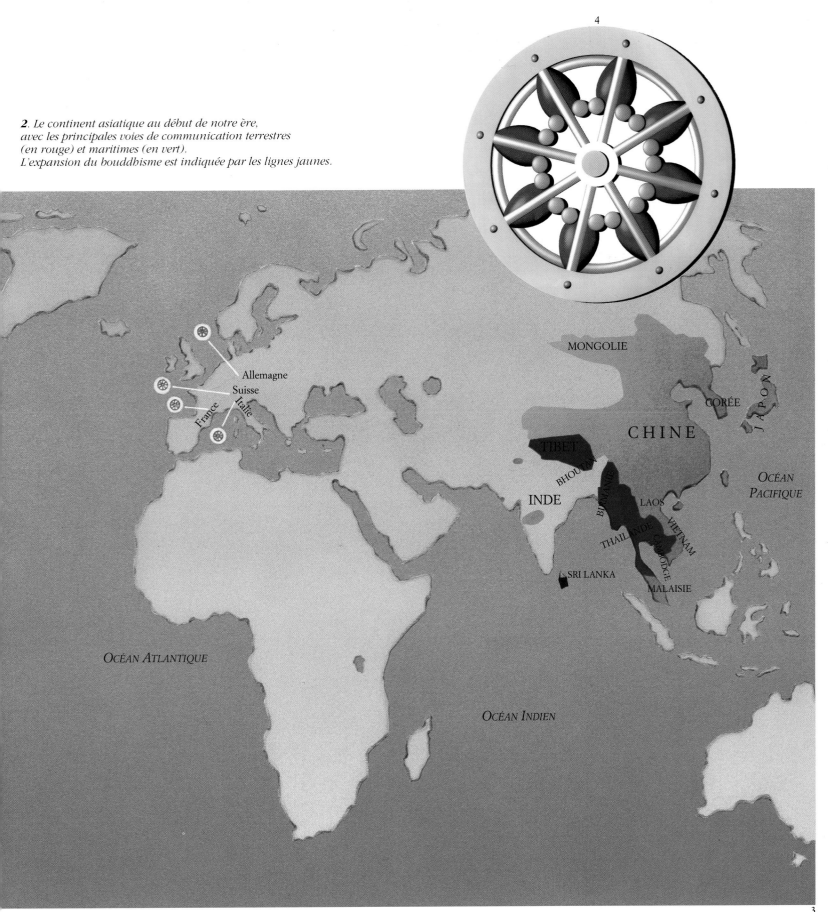

**2**. *Le continent asiatique au début de notre ère,
avec les principales voies de communication terrestres
(en rouge) et maritimes (en vert).
L'expansion du bouddhisme est indiquée par les lignes jaunes.*

**3**. *Sur la carte apparaissent en rouge foncé les régions où le bouddhisme
est aujourd'hui religion majoritaire, le rouge clair indique celles
où il est religion minoritaire et les petites roues marquent des zones
de présence du bouddhisme en Europe et en Amérique.
Des données récentes donnent les chiffres suivants : en Thaïlande,
au Kampuchéa (nom actuel du Cambodge), au Myanmar (Birmanie),
plus de 85 pour 100 de la population est bouddhiste ; au Laos,*

*au Bhoutan, au Sri Lanka (Ceylan), la proportion est de 70 à 85
pour 100 ; au Japon, en Mongolie, à Taïwan, au Vietnam, elle est
entre 40 et 55 pour 100, en Corée du Sud et à Hong Kong environ
20 pour 100.*

**4**. *La roue symbolise, dans le bouddhisme, le cycle des renaissances
et le perpétuel recommencement des choses.*

# 3
# BOUDDHA LE FONDATEUR

Vers le milieu du 6ᵉ siècle avant notre ère, à Kapilavastu au nord de Bénarès en Inde, dans le clan des Çakya, naît un fils de prince, Siddhartha Gautama. À l'âge de 29 ans, marié et père d'un enfant, mais obsédé par le caractère tragique de la condition humaine, il quitte son palais et fait quatre rencontres : un vieillard dans un état de grande faiblesse, un cadavre que l'on porte au bûcher, un malade se tordant sous l'effet de la douleur, puis un ascète (c'est-à-dire un homme dont la vie est tournée vers la méditation et non vers les plaisirs). Ce dernier a l'air serein et heureux. Siddhartha Gautama se met à errer dans la solitude et voilà que, par une nuit de pleine lune, assis au pied d'un figuier sauvage, le visage tourné vers l'est, il est soudain illuminé et éveillé à la Vérité : il devient le Bouddha (l'Éveillé), Çakya-Mouni, le «Sage des Çakya».

Reprenant sa vie errante, il arrive à Bénarès. Dans le parc des Gazelles, il rencontre cinq jeunes ascètes auxquels il explique les quatre saintes vérités qu'il a découvertes :
1. La vérité de la douleur – car tout est souffrance.
2. La vérité de la cause de la douleur – qui est le désir.
3. La vérité de la cessation de la douleur – par la suppression du désir.
4. La vérité du chemin qui conduit à cette réalisation.

*1. À gauche on voit un Bouddha dans un cercle de lumière; autour, ceux qui l'ont illuminé sur sa route. Le prince Siddharta Gautama (le Bouddha) rencontre d'abord un vieillard, puis un malade, puis un mort. Ces rencontres lui montrent la souffrance et les limites de la vie. Puis il rencontre un ascète qui lui indique la voie de la recherche spirituelle. Gautama endosse les habits de moine et commence son chemin vers l'Illumination. La scène centrale montre le Bouddha en habit de moine sous un arbre, dans un jardin près de la cité de Bénarès, en Inde. Nous assistons ici au premier discours du Bouddha.*

## Les quatre vérités

La première Noble Vérité est un constat du Bouddha. Il a vu que la douleur est universelle : naissance, maladie, vieillesse, mort, union avec ce que l'on n'aime pas, séparation d'avec ce que l'on aime. La douleur est un état d'agitation, d'inquiétude, de conflit, de manque d'harmonie.

La deuxième vérité enseigne que l'origine de la douleur réside dans le désir. C'est à cause de ses désirs que l'être humain est enchaîné à cette vie, et même à une infinité d'existences puisque, selon la croyance de l'Inde, après la mort on se réincarne, on renaît dans un autre corps qui peut être celui d'un animal par exemple.

La source de la douleur se trouve dans la fausse conception que l'homme a de la vie : attaché à lui-même et aux choses

2. *Cette statue, qui se trouve dans un temple rupestre d'Ajantâ, en Inde, raconte l'histoire d'un enfant qui n'a rien d'autre à offrir au Bouddha qu'une poignée de poussière. Dans une action, l'intention est plus importante que le résultat.*

comme si elles étaient durables, il vit dans l'illusion. L'ignorance de la vérité le pousse à des actions égoïstes dont il devra se purifier.

La troisième vérité, celle du nirvâna, conduit au repos, au détachement de toutes choses, à l'extinction du désir, à la cessation de toute convoitise et elle ouvre la voie à l'harmonie et au bonheur. La marche vers le nirvâna est progressive. Elle donne d'abord l'anéantissement de l'amour, de la haine et de l'erreur, puis l'extinction complète au moment de la mort.

La quatrième vérité précise la voie qui conduit au nirvâna. Cette voie comporte en fait huit « chemins ». Elle enseigne la moralité avec le respect des commandements, la concentration ou discipline mentale pour se maintenir en état de vigilance et enfin la sagesse, issue de l'enseignement, de la réflexion et de la contemplation.

# L'HOMME,
# L'ACTE, LA RENAISSANCE,
# LE NIRVÂNA

1

Selon le Bouddha, un être humain n'existe pas en soi comme une personne isolée, mais résulte d'une succession d'expériences sans cesse renouvelées. L'homme agit. Chaque acte est le résultat d'une volonté : l'homme réfléchit, puis il exécute son acte. Cela se traduit par des gestes, des paroles, des pensées qui sont soit bons soit mauvais. Tout acte aura une conséquence, un «fruit», pour le bonheur ou pour le malheur de chacun.

### Les actes

Pour parler des actes, le Bouddha utilise le mot hindou *karman*. C'est la clé de voûte de son édifice et il a insisté sur le lien entre les actes et leurs fruits (récompense ou punition). Tout acte produit un fruit, soit dans cette vie, soit dans une vie postérieure, car les actes ne périssent jamais, même après un temps infini. Le karman est strictement personnel : chaque être est marqué par son karman, comme par une empreinte. C'est une sorte d'héritage qui lui appartient. C'est le fruit de tous les actes accomplis par chacun dans ses vies antérieures. Il n'y a pas de «moi», simplement cette somme d'actes. Si les actes sont mauvais, l'homme devra renaître encore et encore jusqu'à ce qu'il soit purifié. Par le karman l'être humain est donc

enchaîné au cycle des renaissances et de la douleur. Ce que le Bouddha lui enseigne, c'est la possibilité de s'en libérer.

### Le nirvâna

Le nirvâna est la fin de la douleur et des renaissances, et la récompense des actes bons. On l'atteint quand on cesse d'être brûlé par les désirs, comme lorsqu'une flamme s'éteint. Le nirvâna peut donc être atteint en cette vie comme ce fut le cas pour le Bouddha à l'instant de son Illumination : c'est l'état de sainteté. Il met fin au cycle des réincarnations.

Mais le nirvâna est davantage : il est lumière, joie et plénitude, savoir parfait, bonheur parfait pour le *nirvané*, c'est-à-dire pour celui qui n'est plus conditionné par cette existence mortelle. Les textes bouddhiques parlent du nirvâna comme de «l'autre rive, l'île, l'abri, le refuge, l'immortel, l'état merveilleux, la béatitude», mais cet état reste mystérieux.

# 5
# LA COMMUNAUTÉ BOUDDHISTE ET LE NOBLE CHEMIN DE L'ÉVEIL

Le Bouddha, ayant conçu le chemin de l'Éveil, a voulu donner à ses disciples les moyens de le parcourir jusqu'au bout. En vue de les mener vers le nirvâna, il a fondé une communauté de religieux mendiants. On l'appelle le Samgha.

## Les moines

Les religieux, vêtus de l'habit jaune du moine indien, se conforment à dix règles de base détaillées en 250 commandements. Pour les moniales (les religieuses), il y a 500 commandements! Pour chaque manquement à la règle, une sanction est prévue. Le moine est soumis à la pauvreté et il doit respecter dix interdits: mise à mort d'êtres vivants, vol, débauche, mensonge, boissons fermentées, repas après midi, danse, musique et spectacles, guirlandes et parfums, literie de luxe, possession d'or ou d'argent. Tous les quinze jours, au cours d'une assemblée, chaque moine confesse publiquement ses fautes contre la règle.

1

2

Après deux ans de préparation, ordonné par une assemblée de dix anciens, le moine devient un candidat à la sainteté. Chaste et pauvre, il mendie chaque matin sa nourriture et il doit consacrer le reste de son temps à méditer. Il n'y a ni chef spirituel ni hiérarchie. La seule préséance est calculée selon la date d'ordination. À tout moment le moine peut reprendre sa liberté et rentrer dans le monde.

### Le Triple Refuge ou Triple Joyau des laïcs

La communauté est complétée par une confrérie non religieuse, laïque. Pour ces hommes, la générosité est la première raison d'être : construire des monastères, procurer aux moines et aux moniales la nourriture et les moyens de subsistance. Plongé dans les soucis quotidiens, le laïc trouve refuge dans le Triple Joyau, à savoir le Bouddha, la Loi (Dharma) et la Communauté (Samgha). Il ne peut espérer accéder rapidement au nirvâna, mais il pense obtenir des renaissances heureuses dans le monde des hommes ou des dieux. Pour les laïcs, la générosité en faveur des religieux constitue le meilleur domaine pour de bonnes actions.

### Les grottes d'Ajantâ

En Inde, dans l'État du Maharastra, à 110 kilomètres au nord-est d'Aurangabad, le site d'Ajantâ a conservé 29 grottes aménagées dans du basalte dur par des moines bouddhistes aux 2e-1er siècles avant J.-C. et aux 3e-7e siècles de notre ère. Ces cavernes ornées de magnifiques peintures devaient servir d'habitation durant la saison des pluies. Aujourd'hui encore, elles témoignent de la vie du Samgha.

3

4

*1. Un groupe de moines dans le sanctuaire rupestre de Yungang en Chine. On voit une gigantesque sculpture du Bouddha construite à la fin du 5e siècle de notre ère.*

*2. Vihara, monastère bouddhiste rupestre, sur deux niveaux, situé à Ajantâ, en Inde.*

*3. Bouddha en méditation, statue du grand complexe bouddhiste de Borobudur dans l'île de Java en Indonésie.*

*Cette statue du Bouddha est pour chaque moine un symbole. Avec les bois et les montagnes à l'arrière-plan, elle exprime aussi l'harmonie avec la nature.*

*4. Orchestre de moines du monastère tibétain de Kampagar, dans le nord de l'Inde. Les tambours sont un élément fondamental dans les rites et les danses du bouddhisme tibétain.*

# DU PETIT AU GRAND VÉHICULE

Durant les cinq premiers siècles, tous les disciples du Bouddha sont restés fidèles à son enseignement. Le Bouddha n'a rien écrit et on appelle «auditeurs» les disciples des premiers temps. Ces auditeurs ont mis par écrit l'enseignement du Maître: la Discipline ou règles de vie, les Discours, *sutra*; la Philosophie bouddhique, *abhidharma*.

L'empereur Açoka (272-236 avant notre ère) se convertit au bouddhisme et il le propagea non seulement dans son empire mais dans l'Inde entière. À partir de 250 avant notre ère, le bouddhisme pénétra aussi à Ceylan. Durant ces siècles se formèrent diverses écoles ou sectes. Plusieurs réunions de religieux ou «conciles» établirent la liste des textes sacrés. Les monastères exercèrent une grande influence sur la culture de l'Inde.

## Les bodhisattva

Cependant les laïcs se tournaient vers les *jataka*, récits des vies antérieures du Bouddha. Ils admiraient ses exploits de générosité, de patience et d'énergie. Le suprême et parfait Éveil les frappait encore plus que la sainteté des moines. Préoccupés par leurs propres besoins spirituels, mythologiques et religieux, ils en vinrent à créer la figure du *bodhisattva*, personnage qui est presque un bouddha et qui mérite l'Illumination dès sa prochaine vie. Alors que l'«auditeur» du Bouddha aspire à la sainteté, le bodhisattva parcourt dix étapes au service de ses frères et retarde ainsi son entrée dans le nirvâna. Les laïcs se mirent à admirer et à vénérer les bodhisattva qui cherchent avant tout le salut des autres et apparaissent comme des sauveurs.

## Le salut pour tous

De plus, une nouvelle doctrine de la bouddhéité se répand: contrairement à l'enseignement des moines, on affirme que chaque homme, au fond de lui-même, a quelque chose du Bouddha, ce qui lui ouvre la voie vers l'Éveil suprême. De cette façon, le bouddhisme peut offrir la délivrance à tous les hommes et non pas seulement aux moines vivant dans la méditation. On parle alors de Grand Véhicule, *Mahayana*, puisqu'un grand

*1. Scène villageoise, au début de l'expansion du bouddhisme en Inde, vers 250 avant Jésus-Christ. À l'arrière-plan on voit un stoûpa, une des œuvres architecturales les plus impressionnantes du monde antique. Il s'agit d'un dôme en demi-sphère qui contient des reliques du Bouddha et de personnages importants ou des objets ayant appartenu au Bouddha. Le stoûpa peut aussi être le symbole de la Loi bouddhique.*

*2. Troisième stoûpa de Sânchî, en Inde. Au sommet de ce stoûpa très célèbre, on remarque un belvédère qu'abrite*

1  2

une construction en forme de parasol,
symbole de la royauté.
Du côté interne de la balustrade
les fidèles forment des processions
qui tournent autour du dôme
en signe de vénération.
Le Bouddha à l'époque n'était pas
représenté sous une forme humaine,
mais le stoûpa même était
le symbole du nirvâna du Bouddha.
Les stoûpas deviennent ainsi
de véritables sanctuaires,
c'est-à-dire des lieux
de pèlerinage
et de culte.

nombre d'hommes seront sauvés. La doctrine ancienne est appelée, par opposition, le Petit Véhicule (*Hinayana*).

Dans le bouddhisme du Grand Véhicule, les actes accomplis dans les vies antérieures (le karman) n'enchaînent plus aussi terriblement les hommes. Ceux-ci peuvent bénéficier des mérites acquis par les bodhisattva auxquels ils adressent des prières et un culte. Ainsi, à côté du bouddhisme de la méditation s'est constitué un bouddhisme de la foi. Les deux ont coexisté jusqu'à nos jours, du moins en Extrême-Orient car le bouddhisme a pratiquement disparu de l'Inde.

**5.** *Sur la grande plateforme,
en haut du complexe bouddhiste de Borobudur,
à Java, en Indonésie, se dressent plusieurs stoûpas.
À l'intérieur de ces monuments funéraires ajourés,
se trouvent des statues du Bouddha en méditation.*

**6.** *Figure d'un bodhisattva dans le temple
de Candi Sari à Java, en Indonésie.*

**3.** *Figure d'un bodhisattva
à Maijishan, grand sanctuaire
rupestre chinois dans
la province du Gansu,
6ᵉ siècle.*

**4.** *Figure d'un bodhisattva,
art du Gandhâra en Inde,
3ᵉ siècle.*

3

4

5

6

# LE BOUDDHISME EN CHINE

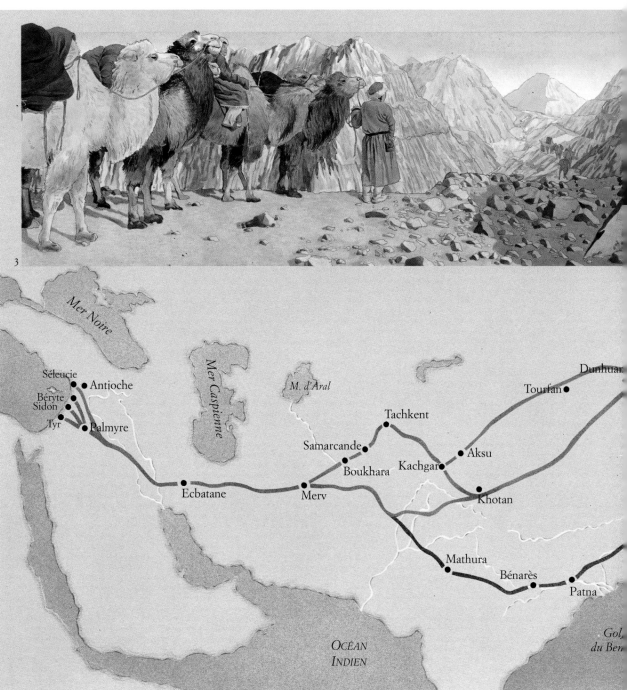

*2. Moine chinois vers la fin du 7ᵉ siècle. Après un pèlerinage en Inde, il rapporte les écritures bouddhistes dans son pays.*

Dès le 1ᵉʳ siècle de notre ère, des missionnaires bouddhistes venus par la route de la Soie pénétrèrent en Chine et s'adressèrent à des gens du peuple ainsi qu'à des lettrés taoïstes. En les entendant, ceux-ci crurent avoir affaire à une religion dans laquelle le Bouddha était non pas un sage mais un dieu puissant. Ce malentendu fut à l'origine du premier succès du bouddhisme du Petit Véhicule en Chine.

En 220, l'effondrement de la dynastie chinoise des Han fut suivi d'une période d'inquiétude. Les missionnaires du Grand Véhicule favorisèrent les voyages et les pèlerinages en Inde et à Ceylan. Ces relations firent naître un bouddhisme chinois original, mélange des doctrines indiennes et des enseignements de la religion taoïste. Deux écoles bouddhistes furent créées.

Le Chan (*Zen* au Japon) est la forme chinoise du bouddhisme de la méditation. Puisant dans le Grand Véhicule et dans le Tao, les maîtres Daosheng (360-434) et Shangzhao (384-414) enseignent que la nature du Bouddha est présente dans chaque être. Elle est un trésor caché qu'il faut découvrir. Pour cela, il n'est pas nécessaire de lire des textes bouddhiques ou d'accomplir des actes de piété. Il suffit d'arrêter le travail de l'esprit afin de laisser jaillir la lumière intérieure qui provoquera l'Éveil. Lors de la grande persécution par l'empereur Wuzong en 845, le Chan n'a pas été atteint, et il a connu ensuite une nouvelle expansion.

Amitâbha, un des grands bouddha du Grand Véhicule, était connu en Chine dès le 2ᵉ siècle. L'école de la Terre Pure

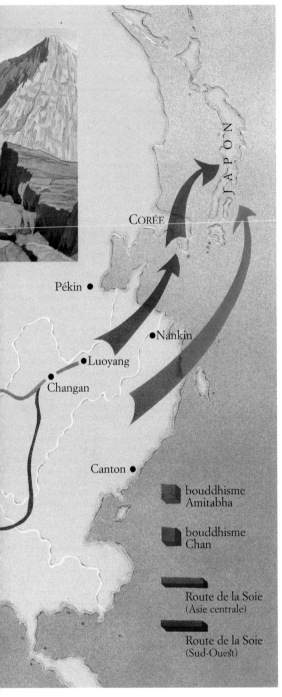

reprend et développe la dévotion à ce bouddha, qui était censé régner sur le paradis de l'Ouest. Ce bouddhisme mystique conduit les disciples à une vie morale élevée et à une dévotion quotidienne au bouddha Amitâbha : adoration devant les statues, action de grâce permanente, religion d'amour et bonheur tranquille préparant l'entrée au paradis après la mort. Ce bouddhisme passa en Corée, au Japon et au Vietnam.

*4. Les grottes de Dazu dans la province chinoise du Sichuan renferment des milliers de sculptures illustrant le bouddhisme Amitabha.*

*5. Un temple du bouddhisme Chan, le Guangxiaosi, à Canton, en Chine. Le moine Bodhidharma y serait passé au 6ᵉ siècle lorsqu'il apporta le bouddhisme Chan de l'Inde en Chine.*

*1. Les routes de la Soie. Ce sont des routes utilisées par les caravanes transportant des marchandises entre la Méditerranée et la Chine. Ce sont aussi les routes le long desquelles le bouddhisme s'est répandu. De l'Inde le bouddhisme s'est propagé en Afghanistan pour ensuite arriver en Chine au 1ᵉʳ siècle de notre ère. Puis commencèrent les contacts directs avec l'Inde. Le bouddhisme Amitâbha passa de la Chine en Corée et, de là, au Japon. Le bouddhisme Chan, lui, passa directement de la Chine au Japon, devenant le Zen. 3. Le voyage de la Méditerranée à la Chine était long et difficile : plus de 7 000 kilomètres à travers déserts et montagnes.*

# 8
# LE BOUDDHISME TIBÉTAIN ET LE LAMAÏSME

*1. Moines tibétains sur le toit du monastère de Likir (Himalaya), qui remonte au 9ᵉ siècle.*

*2. Le gompa, monastère de Thiksey, au Ladakh, remonte au 15ᵉ siècle. C'est un exemple typique de monastère himalayen.*

*3. Tambour rituel* nga, *typique des moines tibétains.*

Avec ses grands espaces, ses montagnes et son silence, le Tibet, « toit du monde », est aussi le « pays des dieux ». Avant le bouddhisme, les Tibétains pratiquaient le Bon, culte des esprits et de la nature avec des rites magiques parfois cruels. En 779, le moine bouddhiste Padmasambhava vint du Cachemire et créa le grand monastère de Bsamyas. Là, de nombreux bouddhistes venus de divers horizons se rassemblèrent et traduisirent en tibétain leurs textes sanskrits. Ce fut la fondation de la secte bouddhiste des Vieux Croyants appelés aussi Bonnets rouges. Une persécution les dispersa entre 803 et 842.

## Les lamas

Une deuxième période débute au 11ᵉ siècle. Vers 1042 arrive le moine Atisha, originaire du Bengale. Avec des moines venus de l'Inde et du Cachemire, il construit de nombreux monastères et réorganise la vie des moines. On lui doit la constitution d'une hiérarchie monastique dans laquelle les lamas ou chefs religieux constituent la noblesse. Dans cette forme de bouddhisme du Grand Véhicule il y a des moines mariés et des moines célibataires.

Né en 1357 dans l'est du Tibet, le moine Tsong-kha-pa introduit une nouvelle réforme. Retournant au bouddhisme de Çakya-Mouni, il habille ses moines d'une robe jaune et les coiffe d'un bonnet de même couleur, fixe leur emploi du temps, exige le célibat, la pratique de la confession, les jeûnes à date fixe et le respect des fêtes. En 1578 est attribué le titre de dalaï-lama ou « lama océan [de vertu] ». Le dalaï-lama est considéré comme une réincarnation du bodhisattva Avalokiteçvara. Situés au sommet de l'échelle sociale, les

lamas sont vénérés et jouissent de grands privilèges. Toute la vie intellectuelle est concentrée dans les monastères. Le monastère est aussi le lieu sacré où se célèbre le culte dans un cadre liturgique très riche et une extraordinaire variété de rites. Les Tibétains font aussi appel à la divination et aux oracles pour les événements de leur vie.

## L'invasion chinoise

Depuis 1950, les Chinois communistes ont envahi le Tibet, mis en prison et tué des milliers de moines, forcé des milliers d'autres à se marier. Sur 3700 grands monastères abritant plus de 200000 moines, plus de 3650 ont été détruits. Il ne reste plus que quelques centaines de moines tibétains. La plus grande partie des richesses culturelles ont été anéanties. C'est une perte irréparable pour le patrimoine de l'humanité.

6

*4. Dans le bouddhisme tibétain, les danses cham sont de vrais spectacles. On voit ici l'apparition d'un personnage célèbre, Padmasambhava, le yogi indien qui introduisit le bouddhisme au Tibet au 8ᵉ siècle. La danse a lieu dans le monastère de Kampagar, dans le nord de l'Inde. Ce monastère accueille des émigrants tibétains.*

*5. Le dalaï-lama, durant une cérémonie au monastère de Namgyal, dans le nord de l'Inde, saisit le dordje, symbole du bouddhisme tibétain.*

*6. Le Centre d'études du bouddhisme tibétain, à Toulon-sur-Arroux, en Bourgogne, inauguré en 1987.*

5

# LE BOUDDHISME AU JAPON

Environ mille ans après que le Bouddha eut enseigné en Inde, des bouddhistes chinois venus de Corée introduisirent sa doctrine au Japon. Les Japonais pratiquaient alors leur religion traditionnelle, le Shinto ou « voix des dieux », qui voyait partout des *kami*, puissances redoutables pour l'homme. L'empereur Shôtoku Taishi (572-621) fit construire les premiers monastères bouddhistes du pays et accepta la nouvelle religion : elle

## Le bouddhisme Zen

Cependant, à Kamakura où les monastères étaient nombreux, s'organisait un bouddhisme centré sur la méditation. Le terme qui désigne cette école signifie précisément « méditation ». C'est le Zen. Il préconise l'Éveil sans préparation. Le principal maître fut le moine Dôgen (1200-1253): il réaffirme que l'homme possède en lui la nature du bouddha et qu'il suffit de l'éveiller. C'est

1

donnait au pays une morale et une vision du monde. Mais elle allait rester une doctrine des classes dirigeantes.

Dès le 8ᵉ siècle, la rencontre entre les kami du Shinto et les bodhisattva du bouddhisme donna naissance à un bouddhisme japonais original, le Ryôbushinto. On cherchait à garder un équilibre: « Ce sont les deux moitiés d'un morceau de bois fendu. » Ainsi, l'autorité acceptait cette nouvelle religion en vue de favoriser l'unité du pays. Cependant, dans ce souci d'adaptation aux besoins de chaque époque, les écoles et les sectes se multiplièrent autour des deux tendances venues de Chine, la dévotion et la méditation.

## Le bouddhisme Amida

Le bouddhisme de la dévotion chercha sa voie d'abord dans le chant, la prière et l'extase. Puis le moine Hônen développa la doctrine du Jôdo (« Terre Pure »), qui promettait le salut par l'invocation répétée du nom du bouddha Amida (cette formule d'adoration s'appelle le *nembutsu*). Shinran, un autre moine influent, se rallia à cette école; il rompit même avec la loi du célibat pour les moines, il se prononça contre l'étude en vue d'acquérir la sagesse et il fit du bouddhisme une religion à un seul dieu ou à un seul culte, celui du bouddha Amida. Le nembutsu amenait le disciple à la conquête de la bouddhéité.

*1. Sanctuaire shintoïste d'Izumo, au Japon. Le Shinto, religion traditionnelle du Japon, est lié au culte des forces naturelles. Le bouddhisme, à son arrivée au Japon, fut en partie influencé par le Shinto.*

*2. Célèbre sanctuaire bouddhiste de Horyuji, à Nara, au Japon. C'est dans cette ville, capitale du Japon ancien, que le bouddhisme commença à se développer dans le pays. À gauche, on voit la pagode à étages renfermant des reliques. À droite, la construction principale pour les cérémonies. En haut à gauche, le plan du monastère.*

par la pratique du *zazen*, la « méditation assise », que le disciple arrive à l'Éveil. Il doit libérer son esprit de toute attache, de toute agitation, faire le vide en lui pour réaliser le *satori*, l'illumination, qui est une vision intuitive. Le Zen est appliqué à l'art de la guerre, à la cérémonie du thé, à l'art des jardins, à la peinture.

Nembutsu et Zen s'appliquent parfaitement à la culture japonaise et restent deux tendances du bouddhisme moderne. Le Zen a séduit l'Occident où de plus en plus de personnes sont sensibles à son message.

*3. Peinture montrant Amida sur les montagnes. Art de la période Kamakura (1200 - 1300) au Japon.*

*4. Jardin zen à Kyoto au Japon : jardin de pierres et de sable qui depuis des siècles est ratissé avec les mêmes mouvements.*

*5. Maison de la cérémonie du thé dans un parc près de Tokyo, au Japon.*

*6. Centre commercial Eaton à Toronto, au Canada. Nous sommes ici dans un « temple » de la consommation contemporaine. À l'opposée de ce monde de désirs matériels, le bouddhisme propose la sérénité.*

# LE BODHISATTVA, SAUVEUR ET SAUVÉ

## LE VŒU DE "BODHISATTVA"

*Puissé-je être le protecteur des abandonnés, le guide de ceux qui cheminent et, pour ceux qui désirent l'autre rive, être la barque, la chaussée, le pont; être la lampe de ceux qui ont besoin de lampe, le lit de ceux qui ont besoin de lit, l'esclave de ceux qui ont besoin d'esclave... De même que la terre et les autres éléments servent aux multiples usages des êtres innombrables répandus dans l'espace infini, ainsi puissé-je être de toutes façons utile aux êtres qui occupent l'espace, aussi longtemps que tous ne seront pas délivrés.*

Santideva, *La marche à la lumière* III,
cité par Lilian Silburn, *Le bouddhisme*,
Fayard, Paris, 1977, p. 148.

Ce texte résume clairement le vœu et l'idéal du bodhisattva, un sauveur créé par le bouddhisme du Grand Véhicule vers le début de notre ère. Ce sauveur est l'opposé du « saint » des cinq siècles antérieurs qui cherchait à atteindre seul le nirvâna. Le bodhisattva est un être plein de compassion: il veut l'Éveil, la délivrance pour tous les êtres; quant à lui, alors qu'il a acquis suffisamment de mérites pour être délivré prochainement, il renonce à l'Éveil immédiat afin de prendre soin des autres. Pareille compassion éminente fait de lui un sauveur sauvé auprès de qui tous ceux qui ne se sentent pas capables de se purifier par leurs propres mérites vont pouvoir adresser leurs prières et se recommander. La carrière d'un bodhisattva commence par un vœu. Il s'engage à être utile aux autres et à faire jouer ses propres mérites en leur faveur afin d'aider à leur salut.

Le premier de ces sauveurs est Avalokiteçvara, « un grand océan de vertus digne de tous les hommages ».

Ainsi, parallèlement au bouddhisme de la méditation se développe un bouddhisme de la dévotion avec un culte des sauveurs.

1. Sculpture représentant
un Bouddha debout
avec un geste accueillant
pour les souffrances des hommes.
Entrée de l'un des temples
rupestres d'Ajantâ, en Inde.

2. Chittagong, au Bangladesh.
Le drame d'une population
affamée à la recherche de secours
après le cyclone d'avril 1991.

3. Détail d'un tanka,
peinture sur soie tibétaine
des 17ᵉ-18ᵉ siècles.
On voit ici
le bodhisattva Avalokiteçvara.
Sa position et son expression
expriment le calme et la paix.

# Petit Dictionnaire

**Amitâbha** (en Inde), **Amida** (au Japon)
Bouddha symbole de la pureté de l'esprit et de l'éveil spirituel, représentant de la vie après la mort. D'où la vénération qu'on lui porta en Chine, au Japon et en Asie du Sud-Est, surtout dans les monastères piétistes. Toute une littérature sur le paradis ou Terre Pure d'Amithâba s'est développée dans ce bouddhisme de la dévotion (amidisme).

**Arhat** ou **arhant**
« Méritant », saint, respectable. Épithète du Bouddha mais aussi du saint qui a atteint la Voie de la délivrance en cette vie, a obtenu le nirvâna et ne renaîtra pas.

**Açoka**
3ᵉ empereur (273-232) de la dynastie Maurya du Magadha. Converti au bouddhisme et fondateur d'un grand empire, tolérant et préoccupé du bien-être de ses sujets, il publia de nombreux édits sur des rocs et sur des colonnes en vue de faire de la Loi bouddhique le fondement de l'éthique humaine et sociale.

**Bhagavat** ou **bhagavant**
« Bienheureux », une des épithètes du Bouddha.

**Bhiksu**
Moine bouddhiste, bonze. *Bhiksuni*: nonne bouddhiste.

**Bodhi** de *budh*, «s'éveiller»
L'éveil à la connaissance suprême. Il permet de voir se dérouler en soi toutes ses existences antérieures et de reconnaître la cause de la douleur et de la renaissance. Par la bodhi, le Bouddha a découvert l'enchaînement des causes et des effets, ce qui l'a libéré des renaissances.

**Bodhisattva**
« Être éveillé » qui a renoncé à l'état de bouddha afin d'aider les autres à atteindre la bodhi. Cette renonciation par pure compassion est une doctrine venue cinq siècles après le début du bouddhisme. Elle est devenue un des pôles du bouddhisme religieux.

**Bonze**
Mot emprunté au japonais *bozu*, «prêtre». Il désigne les moines et les nonnes bouddhistes qui assurent le culte en Extrême-Orient et dans le Sud-Est asiatique.

**Bouddha**
Écrit avec une minuscule, bouddha signifie «éveillé», qui a pris connaissance et conscience de l'état véritable des êtres et des choses par l'ouverture de l'esprit. Le Bouddha, écrit avec une majuscule est Sidharta Gautama, appelé aussi Çakya-Mouni, «le Sage des Çakya». Il est le premier Éveillé, celui qui a découvert les quatre saintes vérités et est ainsi devenu un guide de l'humanité.

**Çakra**
«Roue», symbole indien de la plénitude qui dans le bouddhisme symbolise la plénitude de la Loi (dharma), mais aussi le cycle des renaissances et l'impermanence, le changement continuel, le flux perpétuel des êtres et des choses du fait que la roue touche le sol successivement à mesure de son parcours.

**Compassion**
Fondée sur les quatre vérités, la compassion est la bienveillance du Bouddha et de ses disciples à l'égard de tous les êtres, par respect pour la vie mais dans un profond détachement, sans émotion et sans inclination.

**Dharma**
La «Loi», la doctrine bouddhique, un des trois trésors du bouddhisme avec le Bouddha et la communauté (Samgha). Ces trois trésors sont trois «refuges». Le Dharma est constitué de lois auxquelles sont soumis les êtres et les choses, les phénomènes et les idées.

**Dukkha**
«Douleur», concept bouddhique de la souffrance qui constitue la première des quatre Nobles Vérités. C'est le sort de tous les êtres liés au cycle des renaissances (*samsâra*). Il s'agit du mal comme douleur corporelle ou mentale, du mal comme oppression et du mal provenant de l'impermanence.

**Karman** ou **karma**
La «loi des actes» par laquelle chaque action produit ses effets sur la somme spirituelle de l'être et influe sur son devenir cosmique. C'est l'acte lui-même possédant une valeur morale bonne, mauvaise ou neutre.

**Lama**
Religieux bouddhiste du Tibet, du Nepal, du Sikkim et du Bhoutan. Le titre est en principe réservé aux supérieurs des monastères mais est en fait appliqué à tous les religieux. Le dalaï-lama est le chef suprême du lamaïsme et jusqu'à 1950, il résidait à Lhassa au Tibet.

**Mârga**
«Voie», «ashthânga-marga», huit sentiers de perfection. C'est la quatrième vérité du bouddhisme, l'octuple voie par laquelle le disciple arrivera à atteindre le nirvâna. Le bouddhisme est un chemin du milieu qui préconise la morale et la sagesse tenant un juste milieu entre un rigorisme ascétique et un mysticisme extatique.

**Nirvâna**
«Extinction». Point de non-retour du samsâra; libération du cycle des renaissances par l'arrivée à la béatitude absolue, à la félicité parfaite, à un bonheur inaltérable.

**Prajnâ**
Sagesse, intelligence, faculté de connaître et de comprendre.

**Réincarnation**
Selon la doctrine hindoue et bouddhique du karma, les êtres sont condamnés à se réincarner, c'est-à-dire à revivre dans d'autres corps, humains ou animaux, tant qu'ils ne se sont pas libérés des fruits de leurs actes. Dans le bouddhisme, il faut parler de renaissance car il s'agit d'un retour à l'existence, à l'image d'une flamme qui se rallume.

**Purification** (prâtimoksha, «absolution»)
C'est l'absolution de l'ensemble des fautes que les moines doivent confesser devant la communauté à la nouvelle et à la pleine lune.

**Samgha** ou **Sangha**
La communauté des religieux bouddhistes, un des trois «refuges» des fidèles avec le Bouddha et le Dharma.

**Samsâra**
Cycle des renaissances qui conditionne la vie des êtres vivants selon leur karman ou rétribution des actes. Le seul moyen de briser ce cycle est de parvenir au nirvâna.

**Satya**
«Réalité», vérité, en particulier les quatre saintes vérités de la douleur, de l'origine de la douleur, de la cessation de la douleur, de la voie qui mène à la cessation de la douleur.

**Stoûpa**
Monument bouddhique dérivé du tumulus funéraire, ce monceau de terre qui recouvrait les tombes des chefs. C'est une tour, généralement en forme de cloche qui abrite les reliques d'un saint ou d'un bouddha.

**Sutra**
«Fil»; récit renfermant un sermon du Bouddha ou de l'un de ses disciples.

**Transmigration**
Terme spécifique de l'hindouisme pour désigner la réincarnation: l'*âtman*, principe de la personnalité, transmigre dans un nouveau corps.

# RÉFÉRENCES ICONOGRAPHIQUES

*Les nombres en gras renvoient aux pages ;
les nombres entre parenthèses, aux illustrations.*

MICHEL DELAHOUTRE, Paris : **4**, **15** (2). EDITORIALE JACA BOOK, Milan (Giorgio Bacchin) : **12-13** (1) ; (Remo Berselli) : **20** (2) ; (Giacinto Gaudenzi) : **16** (1), **18** (1), **19** (3, 4), **24** (1), **25** (2) ; (Ermanno Leso) : **22** (3) ; (Stefano Martinelli) : **11** (3), **20** (1), **21** (5) ; (Paola Ravaglia) : **20** (3) ; (Roberto Simoni) : **10** (1, 2) ; (Angelo Stabin) : **13** (2), **15** (3, 4, 5, 6), **16** (2), **17** (3), **18** (2), **19** (5, 6), **21** (4), **23** (6), **25** (4, 5), **26** (1) ; (Cristina Tralli) : **14**. CORRADO GAVINELLI, Milan : **25** (6). GRAZIA NERI, Milan : **27** (2). NAZINA KOWALL : **9** (2). KYOTO NATIONAL MUSEUM : **25** (3). JEAN-LOUIS NOU, Paris : **6**. VICKY SEVEGNANI : **5**, **7**, **17** (4), **22** (4), **23** (5), **27** (3). VICKY SEVEGNANI e CLAUDIO CARDELLI : **22** (1, 2). SUN YIFU, Pékin : **9** (3).